Sanojen seitti

Runojen ja ajatelmien teos.
"Niitä vuosien saatossa paperille varisseita
sanoja
jotka muodostavat lauseita
ja lukijassa monenlaisia mietteitä.
Kirjailijan halu jakaa ajatuksiaan ja muistojaan
on ilmeinen, joten ole hyvä,
takerru hetkeksi sanojen seittiin
Aino Uulon kanssa."

T:Tuottaja

Sanojen seitti

Aino Uulo

Osiot:

© Aino **Aino Uulo**
Kuvitus: **Hertta Emilia Uusitalo**
Käännös:
Muut osallistujat: Tuottaja - **Tapio Nygård**
Kustantaja: BoD™ – Books on Demand, Helsinki, Suomi
Valmistaja: Books on Demand GmbH, Norderstedt, Saksa
ISBN: 978-9528001638

Sanojen seitti

Vuodesta vuoteen
runot kutivat aivoissani
mutta eräänä kaamoksen päivänä
uivat runot puhtaalle paperille
kun auringon valojuova
ui pilvestä esille
siinä ne olivat
evät silmät pyrstö
kaikki paikoillaan.

Sur rur sur rur
        päässäni surisee sanoja
    sur rur sanoja
    mustia valkoisia
    sateenkaarenvärisiä
    otan sanat kiinni
    kasaan ne röykkiöiksi
    salaatin ja kurpitsan kylkeen
kiviksi joista rakennan

        otan veitsen ja kuorin välillä kurpitsan
    veitsi kolahtaa kiveen
valkeaan kiveen

joka muuttuu hetkessä
    sanaksi käärepaperin kylkeen
sanaksi
joka kuplii uusia ja uusia sanoja
sanoilla on kiire järjestäytyä
kurpitsa ja salaatti voivat
odottaa

kop kop ovella seitsemän päätä
    äi äiitiii
onko ruoka kohta valmista

kohta kohta
veitsi kolahtaa kurpitsan
    kylkeen.

Kaurapuuro
pölyriepu ja harja
elämääkö

pamahtaa
    sisältäni purkautuu tulivuori

puuro palaa
pölyriepu käy nukkumaan
harja unohtuu
sisältäni ravistan näivettymät

salvat avautuu
henkeni humahtaa pilviin.

Se ei olisi tahtonut nousta
herätä uuteen päivään
se tiesi
että jotain tapahtuu

sitten se tuli
pyörremyrsky

se pyöritti hurjasti koko taloa
paiski vyöryi ja koko talo oli
sekaisin
kaikki päin mäntyyn vaan

mutta illalla se väsyi
tyyntyi ja itki.

Taas ne ovat kilpasilla
persoonani molemmat

kohta aamulla kun silmät aukes
sivupersoona jo sanan säilää soitti
sotupersoonani kanssa kilpasille koitti

housuja kun jalkaan laitoin
sivuminä jo kynää kaivoi
liivit paita jotenkuten
mutta sitten ratkes

kynä työnsi koukeroita
runon paperille piirsi
mielen ajatuksen siirsi

ikkunasta muusa verhon nosti
sädekimppu lensi kohti
tänään kaikki olla saa
ihanasti rempallaan.

En tiedä olenko minä taiteilija
joku muistaakseni sanoi kerran niin

mutta taiteilijoita syntyy vain taiteilijoista
sehän on geeneissä

eikä minulla ole sellaista geeniä
joku varmaan erehtyi.

Eilen en kirjoittanut yhtään runoa
olin vain
kuin muumio robotti

askareet suoritin
mitä liene ollutkaan
illalla
kaaduin kuoleman väsyneenä vuoteelle

mutta yöllä tuli uni
tuli runo tuli runoja
tuli runokirja

ja runon siivin sain lentää
kuun ja tähtien vieraaksi
enkä aamulla halunnut herätä.

Tänään keitin ison padallisen omenahilloa
   ja kirjoitin aivan pienen runon
      mutta
      olisin tahtonut toisin

   mutta
   kuka olisi keittänyt omenahillon?

Silloin kun olin rikkaampi
vai lienenkö suurempi taiteilija

kirjoitin musteella
ja sain aikaan tonneittain
sotkettua paperia

nyt kirjoitan lyijykynällä
pyyhin sotkut kumilla
olen luontoaktivisti.

Kesällä pidän kirppistä
naapurit luulevat että rikastun
kun ihmisiä lappaa kesän helteessä
vilvoittelemaan aittaani

ja minä nauran auringolle
olenhan rikas.

Minä tunnen sanoja
sinisiä punaisia
valkoisia mustia

eri hajuisia
makuisia
eri tuntuisia

mutta taikasana
yhä puuttui.

Kysyvät
    olenko täysipäinen
        kun istun ja tuijotan

        kun mieheni hilaa sapuskat
        lähikaupasta
        ettemme kuolisi nälkään

        ja etteivät kauppamaailman
        kiemurat
        rikkoisi ajatusteni juoksuratoja
    tuulettaa täkit ja matot
ja joskus luuttuaa lattiat

voiko se olla täysipäinen
kun sen työkalut ovat
paperi kynä ja kumi

jotain outoa siinä on
välillä se on kuin ihmiset
välillä kuin muumio

ei se oikein kuulu kylään
mutta
ei kylä voi sitä poiskaan häätää
onpahan lisänä kunnan
asukasmäärässä
joka on laskusuunnassa.

Kuinka paljon tarvitsenkaan tilaa
ajatukseni tarvitsevat tilaa
jäsentyäkseen

hiljaisuutta
saadakseen muodon
mustetta ja paperia saadakseen
tukikohdan

tilaa
valoa
hiljaisuutta

tähtitaivasta ja kuutamoöitä
peruspilareiksi
vakaajiksi

ja niin kuin virran juoksu
piirtyvät sieluni sammiot paperille
muotoutuvat
        ja alkavat hengittää

        katson syntymän ihmettä
sula hellyys kulkee lävitseni
lapseni on kaunis
        syntynyt maailmaan
                niin hiljaa.

Nyt minä puhkesin
pamahdin
    salamat sinkoili

    olin pyörremyrsky
    jota jokainen pelkäsi
    pato joka oli murtunut
    se ryöppysi voimallaan
    kaikki entinen
    meni virran mukana

jäljelle jäi kynä
ajatus ja rauha.

Aamulla se nousi niskan päälle
kun kevään valo
siivilöityi ikkunasta

kun fotosynteesi kirjoitti
laulunsa
pälvestä pilkistävään
nurmennukkaan.

Ystäväni maalasi
   runoista taulun

   okraa purppuraa
     maa ja taivas
       niin yhtä

     valo taittui
     okraan ja purppuraan
   maisemassa
soi runot.

Hän laski kätensä
hellästi olkapäälleni

istahti lukulampun alle
otti silmälasit nenältään ja kysyi

onko kokoelmalla jo nimi?

Kuka sinusta minulle
muusan teki

vierineet vuodetko opetti
jälkiäkö haistelit
ja vainusi kasvoi
opit muusan taidot.

Kuutamon kujilla

Kuun valossa varjot lepäävät

päivän tuska väistyy.

Valo ja Varjo kohtasivat kerran
Varjo kysyi Valolta
missä sinä asut

Valo vastasi auringossa kuussa
ja tähdissä

sitten Valo kysyi Varjolta
missä sinun kotisi on

ei minulla ole kotia Varjo
vastasi
silloin Valo pyysi Varjoa
mukaansa

sen jälkeen Valo ja Varjo ovat
liikkuneet yhdessä.

Mieleni liike
piirtää veteen viivan

kuu kääriytyy
hämärään kaapuun

kahisten hengittää kaisla
kehrääjän rukki
hyrisee

avaruudenkellot soi.

Yönperhoset tanssivat

kuu juo metsälähteestä

Reseedan tuoksu tavoittaa
tähteä

yön varjot muuttavat
suuntaa.

Kuu suuteli maan leiliä
hyväillen

mieleni myrskyssä
tähdenlento

ajatus täynnä kaipausta.

Kuu piirtää maisemaan

pehmein viivoin

rakkaani askeleet

kynttilä ikkunalaudalla

ilmassa lentävät suudelmat

tervetulotoivotus.

Kaupungin yllä

kuu pukeutumassa

yöpukuun.

Ihollani tunnen

täydenkuun loisteen

sydämeni harhailee

uneni pakenee.

Tuulenkäsi pyyhkäisi

sumuharsot pois

auringon säteellä

kastehelmi kädessään

surullakin siivet.

Päivän harmaudessa

sinusta virtasi valoa

sieluni latautui

hapettuneet paristoni

saivat hehkun

valo kantoi vapauden

vapauden sfääreihin.

Marraskuussa

täydenkuun aikaan

tiaiset kosiskelivat

menivät salakihloihin

keväällä ostavat sormukset

ja rakentavat pesän.

Kuuntelen kaamoksen puhetta

katselen kuun kulkua

mieleni polut täyttyvät

maankohdussa lepää toivo.

Min ä rakastin kesää

ja kaipasin kuutamoöitä

hipiäni marraskesi

ei pitänyt auringosta

se punastui

väärän vuosituhannen lapsi

helmikuun pakkasten.

Kävin yöjalassa

menin kuun vieraaksi

kysyin kuulta

pyysin neuvoa tähdiltä

ja olin pakahtua

avaruuden helinästä

ja silloin laukesi ansa

ja sanat etsivät paikkaansa

paperilla.

Kuu ja aurinko

kuhertelivat

sarastuksessa

tähdet iskivät silmää.

Kuun keltaiselle paperille

tähdet runonsa kirjoittivat

aamulla runot

kääriytyivät kokoon

päivän peittäessä

runojen tähtiratsut.

Aamu avasi

lumenvalkeat silmänsä

kuun kuvajaisessa

aurinko etsi paikkaansa.

Maisema

hengitti harsopuvussa

kuu puki hattaran

yöpuvuksi

aurinko antoi kuulle

hyvänyön suudelman

homosapiens

virkosi eloon.

Ihmetellen katsoo kuu
päälle maan
kun sillalla kuun
tähtipari
on käynyt tuikkimaan
tähtiä taivaan tervehtäin

Kuu Venukselta kysyy
ken tähtösistä pudonnut
on päälle maan
ja Venus vastaa nauraen

sä vanha höpsö etkö nää
ei tähti pudonnut päälle
maan
vaan silmät rakastavaisten
loistaa tähtinä siellä

Kuu hymyää
kun jälleen ihmeen
nähdä saa
ja Venus silmää iske
Kuu muistoihinsa lymyää.

Grafiikan piirtoja

Luokittelu se alkoi
kun kohdun ovi oli avautunut
pisteet jaettiin huudon mukaan
sen jälkeen alkoi kasvukäyrän
digitaalitarkkailu
näin voitiin osoittaa kehityskelpoisuus

poikkeavuus oli yhteiskunnallinen ongelma
vaippakakkiaiset pantiin muskariin
tanssiryhmään satubalettiin nappulaliigaan
taistelemaan paremmuudesta
hyötykäyttöön suunnatut tulevaisuuden
toivot

sitten alkoi juoksu opintosuunnitelmien perässä
lainlaatijat muokkasivat standardit
yksilöt purkitettiin kuin Ahti-sillit
tarkoitus oli hyvä se pyhitti keinot
kukaties

intellektuellien uljas maailma nousi tieteen siivin
kyseenalaistaen vanhan roskan.

Lapsena kun oli lupa toivoa
toivoin kovasti
että isona olisin
rikas rouva

lapsena oli lupa uskoa

ja unelmat olivat tosia
ja haaveiden linnut
lensivät vapaina.

Lapsena sen jo huomasi
kuka on runoilijan sukua

hän puhuttelee aikaa
hiipii puutarhaan
ja avaa satujen portit

tosi tulee myöhemmin
itku ja ikävä.

Kauan sitten näin vakavan miehen
istui tuvan penkillä ja puhui
kuuntelin tarkkaan

olin aivan varma
mies puhuu totuutta
totuutta jota aikuiset eivät löydä
eivät ymmärrä

aikuiset haluavat aina totuuden
olevan moniselitteinen
mutta minä olin vielä lapsi
ja ymmärsin miehen totuuden.

Rantakivellä istun
  laineiden loiske varpaiden alla
  katsellen poikaani vaaleaa

  kädet pienet ruskeiksi paahtuneet
  oottaa jännäten vedenviljaa

  suu pieni vedetty suppuhun
  silmä tarkkana katselee pintaa

    pinta järven liikkuu ja vapisee
    suu supumpaan menee yhä

    sormet vapaan kiertyvät tiukemmin
    jo jännittyy karheat kädet

      ja hupsis kaarena ylös sinkoutuu
      koukkuun tarttunut särki

    suu silmät naurua tulvillaan
    näin kiitoksen parhaan
    saa Ahti annistaan.

Minä puhun ja kysyn
    hän ei puhu ei pukahda

    havahdun

    hänellähän on jo viikset
    melkein aikuinen

    hänen kokemuksensa
    valjastetut tietokoneaikaan
    internetin maailmaan

        kello käy

    peilissä harhaileva kuva pakenee
    ajanmoukari lyö.

Päivät päättyneet on lapsenleikkien
siipi ikävän hiljaa koskettaa
tuoden mieleen muistot lämpimät

vuottensaatos muuttui maisema
lapsi varttui nuoruusikään kiihkeään

jostain palaa entisyys
pörrönalle nuhruinen lapaspari pienten kätösten
talletettu kiehkura ensijuoksus hulmunnut

ilot surut arkipäivien
yhdesolon hetket armahat

muistot monet kuviksi piirtyneet
niitä katson hiljaa miettien
ikävästä puhkee kyyneleet

sydäntäni kaipuu ahdistaa
tuskaa tuottaa kasvun määränpää.

Elämänlautturi säveltä soitti
    säveltä villiä kiehtovaa
        tanssitti tyttöä poikaa nuorta
            temmaten rytmiin elämän huuman

huuma kun haihtui oli edessä elämänportti
    kohtalo kova kello ja kortti
        elämänlautturi säveltä raskasta soitti

perhe kun kasvoi kasvoi huolien suma
    ahdisti vastuut ne kamppailuun haastoi
        oravanpyörässä miestä ne raastoi

tullessa kotiin hymysi poika sylissä äidin
    katsoen maailmaa sinisin silmin antaen valon
        se nosti voimia antoi ja
            huomiseen kantoi.

Missä onkaan se korva joka kuuntelee
missä käsi joka auttaa
mistä löytyy katse lämpöä täynnä
oikeat sanat ja oikeat kysymykset
oikeaan aikaan

mistä löytyisi hiljaisuus
kivetön polku missä sydäntä ei hierretä verille
missä on se paikka jossa kauneus ja harmonia
katsoo silmiin ja toivottaa tervetuloa.

Narukengät
  narukengät jalkaani vain sain
    niillä koulutieni aloin
      lomassa sodan hirmuisen
        niin opin aan ja öön myös
          kertotaulun kiemurat

    mä muistan hälyytykset sireenein
      ne tunsin unissain
        kun äiti koppas kainaloon
          juosten kellariin

    sain nähdä usein äidin kyyneleet
      kun naapuri poikkesi kulkeissaan
        he kaatuneista puhui ja äidin
          sukkapuikot viuhui tiuhemmin

    sai äiti valmiiksi sukat laittaen ne pakettiin
      ja mukaan liittäen myös kirjelappusen
        ja äiti mulle sanoi
          nyt hetken asioilla viivähdän

sä oothan täällä kiltisti
    mä tulen jo ennen pimeää
        niin äiti ulos läksi mä katsomahan jäin

hän pyörän nappas seinustalta liiterin
    nous pyörän selkään huiskuttaen kädellään
        ja katos metsän siimekseen

mä Miinanuken otin ja ikkunaan jäin
    tyhjää katsomaan

    jo alkoi hämärtää ja mä istuin luona ikkunan
        ja polun suuntaan tähyilin
            jo heittää tummat varjot pihakuuset hiljaiset
                ja jossain hiiri nakertaa pesäpaikkaa etsien
                    mutta missä äiti viipyykään

    niin kostuu lauta ikkunan mä mitä teen
        on äiti opettanut rukoile voit Taivaanisälle
            sä huoles kertoa

nyökähtäen pienen pään sormet yhteen puristuu
Isä Taivaan äiti pian tuo takaisin
mä pelkään pimeää

ja kohta aivan yllättäin ovi aukee narahtain
on äiti jälleen kotona
kainalossa nyytti lämpöinen

taas istun penkillä ja lämpimäistä maistelen
jo äiti lieden sytyttää on ulkona jo pimeää
ja pakkasherra nurkkaan jysäyttää
on hyvä mä äidin nään.

Savu kirjoitti kuvionsa hämärtyvään
metsän rajaan
ikkunassa valo tervehti tiellä tulijaa
ystäväni odotti

pysähdyn sillalle katson joen avointa kitaa
pakkanen naksahtaa männyn oksassa

huuru leijailee hengityksestä
tuhansien muistojen silta
tuhansien askelien

keveiden raskaiden
avojaloin astuttujen
variksensaappaissa hypittyjen

kopinan kieli on kirjoitettu kuluneisiin palkkeihin
enää harvoin siltaa saapas tallaa

kaikki ovat menneet
ja menneisyyden tuska
soi autiotalojen ikkunoista

vain ystävän tupa on lämmin
sydämessä kynttilä.

Usein muistoissani palaan aikaan lapsuuden
muistojeni sukkulaa mä avaan lapsuusajan
kultaisen
näen kesän kauniin tuoksun tunnen maan
paljain varpain pihatanterella tanssin
kera perhosten

pientarelta kissankellot kerään kimpun äidilleni vien
sitten veräjälle juoksen tietä mittaan eteenpäin
kauas aitapuulta katson yhä jatkuu tie

hakamaassa lehmät ammuu joku ruokaa märehtii
kello kilkkaa Valpurilla vasikoiden juoksuun
tanner tömähtää

riippumaton luokse lennän pihapuita kuuntelen
katson taivaan kirkkautta kimalaisen lennon
nään

suuri on maailma kotokartanolla monta ihmettä
taas nähnyt oon mutta mitä onkaan tuolla
minne veräjältä käypi tie

nyt elämäni sukkulaa
pätkän kerinyt jo olen eteenpäin
vähän matkaa veräjältä käynyt
nähnyt minne kulkee tie

suureksi on elonkeräni jo tullut
monen kirjomaa on lanka sen
väsynyt jo kulkemiseen olen
nyt palata voin lapsuuteni maisemaan

jospa nyt elonkeräni viimesäikeet
hopeisina hohtaa vois.

Valju valo valahtaa yli maiseman
    paljastaen tiet ja harmaantuneet talot
    hiipii pienten ruutujen läpi
    paljastaen vähitellen
        askeettisen kalustuksen

valo paljastaa ihmisen lähtemättömän
    ikävän ja huolen josta ei puhuta
    koska puhuminen on turhaa

kahvi tippuu nykynuottien mukaan
    käsi ottaa mukin ja kaataa kahvin
        aamuiseen ankeuteen liittyy haju ja maku
        rutiinien pelastusoperaatio

silmä tuijottaa tien suuntaan ja toivoo
    niin lukemattomat aamut
        illan pimeys jähmettää kuulon
        ja hiljaisuus saa muotoja
            jotka kantautuvat yön uniin.

Vaari myhäilee
sehän on kuin elävä taideteos
täällä lasikuitujen maassa

olipahan tullut valittua oikea kölipuu
se oli hieno kuin kesäinen morsian

ehtoopuolella ei tunteja lasketa
sitä saa olla oma herransa niin kauan
kuin nikkarinvehkeet koprassa kestää

mutta sitten
niin
taitokin sammalen alle taittuu.

Nytpä on aika aivan toinen
kun vaari höyläpenkin osti
ja sen tuvan nurkkaan nosti

siellä iltapuhteet näperteli
aisapuuta ruunan rekeen

nytpä eletään aikaa aivan toista
sillä kuka kysyy moista
sillä kaikki mersulla vain nyt hyrrää
ja saastepilvet päiden päällä jyllää

vaari lomassa myös iltapuhteen naapurinsa kanssa
monen moista filosovoida voipi
nyt jyskeesssä koneiden
toisen ääntä tuskin kuulla voisi

aika ahne pyörittää nyt elämämme pyörää
   tuskin enää kukaan vaarin muisteloita sietää

vasaralla vaari ennen puista naulaa hakkas
   nyt kompressorit komeat voimaa antaa
   ja pistooleilla piikit lautaan lyödään

puukon höylän kanssa vaari puiset pinnat hioi
   nyt nauhakoneet komeat ovat sliippaamassa
   lautaa

ajan kanssa senkit penkit monet kauniit
   vaari iltapuhteinansa loihti

vaarin eläessä harmitonta oli meno tyytyväisyys
   mielen täytti rauha kruunas levon.

Minäkin siellä sukuun temmattu
kirjavaa joukkoa
yksi ja toinen esittelee itsensä
hymyilen
yritän koota suvun palapeliä
mutta lopetan
sukuako vieraat kasvot
tulevat ja menevät
ja jäävät vieraiksi

katselen suvun naisia
heidän asujaan monen kirjavia
kauniita rohkeita kalliita
halpoja rumia

joku viisas alkaa kertoa suvun historiaa
yritän keskittyä
joku on elänyt sanoiko se 1600 luvulla
joku sotaurho
oliko hän nyt majuri vai marsalkka
no ollut Ruotsi – Suomen armeijassa
mutta hänkin kuollut

siirrän ajatukseni eläviin
mitä minä kuolleista
toukkahan ne on jo jyystänyt
kuitenkin yritän ymmärtää historiaa
toisaalta luulen
että olisi mielekkäämpääkin tutkimista

näen identiteetittömät kasvot
etsimässä juuriaan
sehän on trendikästä
jos ei ole ystäviä on suku
suuri tai pieni
sieltä on hyvä ponnistaa
olemassaolon tietoisuuteen
ja tietää kuuluvansa joukkoon

katselen kuuntelen
teen havaintoja
ja kokouksen loputtu
olen yhtä suvuton kuin tullessanikin
lopuksi suku erkanee neljään ilmansuuntaan
minäkin omaani
mutta olipahan sukukokous.

Me olemme junassa kaikki
me vaunua vaihdamme
ensin vaunussa lapsuuden
me huolta vailla kuljemme

saapuu sitten teiniajan mittelöt
ja kuohut tunteiden

kun vaunuun seuraavaan siirrymme
on aika nuoruuden
on rytmi kuuma kiihkeä
kun maailma avaa porttejaan
ja eessä siintää haaveiden maa

mutta jo pian vaunuun uuteen vaihdamme
se miehuusvuosiin vie
jo vastuut painaa hartiaa
on kauaksi jäänyt jo haaveiden maa

mutta taival tyyntyy saatossa vuosien
vaunu vanhuuden verkkaan kulkee kiskoillaan
nyt läpi voi käydä muistojaan
niistä joku voi mieltä lämmittää
joku ahdistusta tuo

ja ajankello vain hiljaa raksuttaa
ja vaunua uutta kohti kuljettaa
ja maailma pysyy
se paikoilleen jää
kun kello sydämen
hitaasti soinnun viimeisen lyö.

Ohitseni vilahtavat elämäni polut
    joita olen vaeltanut
       polunpäät
           joita en olisi tahtonut kulkea

    jonne kuitenkin kohtalon voima veti
       polun päässä ymmärsin
           tämä ei ollut minun polkuni

    olin kuitenkin kasvanut
       sitä tuskin huomasi
       se oli kuin piirto grafiikassa.

Via dolorosa

Sinä hiivit takaovesta taloomme
kohmeisin käsin tartuit lujasti kiinni
kellistit nurin tautivuoteeseen
tullessasi toit kivun ja tuskan

veit lääkärin vastaanotoille
sairaalan käytäville apua etsimään

nujersit sairaalan tautivuoteeseen
tuskallisiin kokeisiin
ja yhä uudelleen ja uudelleen
ja tiede maailman valo
oli neuvoton

vuoteessa vailla vastauksia
etsin ulospääsyä
odotin
opin tuskan läksyn.

Pilvettömän taivaan alla
  minut käärittiin mustaan kaapuun

  avuttomuuden ankeaan viittaan
  talutettiin tuskan tielle

  taas via dolorosa.

Sairaalan hiljainen käytävä
odottava
kuunteleva
yökellon soitto
seinät valveutuu

kohinaa käytävillä
juoksevat askeleet
sängynpyörien kirskuna loittonee
hiljaisuus tavoittaa käytävän
mitä tapahtui
kenelle miksi
en tiedä

käännän kylkeä
mutta oma tuskani ei hellitä
kipu on jossain
en saa siihen vielä otetta.

Aamunsiivet koskettaa
yksi vuode vieressäni lisää
uusi aamu
kesä valo

minä elän

hänkin vieressäni elää
minkä lahjan saimmekaan
elämän lahjan.

Hänellä proteesi jalassa
huomasihan sen
minulla proteesipovi
katsoivatko he minua

en ole vielä sinut
proteesini kanssa
ei se ole vielä kasvanut
osaksi minua

minä

olenko vain puolinainen
vai vaillinainen
mitä minusta katosi
kappale lihaani
olen hieman kevyempi
näkyyhän se vaa'assa

olen elossa
olen minä
tämän muutoksen kanssa
tulen kyllä toimeen
dementia afasia moni muu

silloin

olisin kadottanut itseni
minuuteni
nyt olen elossa
olen minä
kukaan ei huomaa
jos en itse halua kertoa.

Vanha mies kysyi
kumman tisun menetit
kerroin hänelle
sen sydämen puoleisen
mutta sydän jäi.

Rujo ruumiini

ei pitänyt enää peileistä

se ei enää tarvinnut niitä.

Tiesin
    olin vaillinainen
        sinä katsoit minua ja sanoit
            sinä ihana nainen

lämpö levisi ylleni
    kuin kesäinen poutapilvi
        olinhan nainen
            en puolinainen.

Sinun kuvasi minussa
minun sinussa

minun tuskani sinussa
sinun surusi minussa
me kaksi kuin yhtä lihaa

rakkauteni hiljainen liekki
ei se ole sammunut

minun kipuni
harteillasi kuin viitta
matkamme jatkuu

valoa horisontissa
valo lähenee kirkastuu

kohtaa meidät
ja yhä olen kiinni sinussa.

Mustanlumen marraskuussa
yö pitkä on
kera vuodekumppanin katalan
mokoma tuo reittä puree
säärtä hiertää kantapäätä kivistää

jospa vain
nyt kaverin kehnonlaisen
ulos heittää voisin
ilkikurisen lihan syöjän
mässäilijän pahasisuisen

lääkekaapistani nyt vain napin nappaan
tainnutan hetkeksi kaverin
saanpa edes hetken rauhan
unihenkosen ihanan.

Taas ne kysyvät
kuinka olet jaksellut

kysyminen on helppoa

mutta mitä minä vastaan heille
itsesuojeluvaistoni sanoo
ihan yes
sehän on hauskaa

he ovat pelastuneet kuulemasta
kuinka raato on väsynyt
kun Örvelö pureksii jatkuvasti.

Sieltä se tuli
    valkoisesta paperista
        syöksyi päälleni viiltävä sanoma
            kuin verinen tikari

        päivä etsi muotoaan
        ruumiini rippeet sirpaleina
        minuuteni kysymysmerkit
        hyppivät vauhkoina
        aivojeni juoksuradalla
        vyöryen kaaoksesta kaaokseen.

Örvelö kulkee ruumiissani on kulkenut
jo kolme- ja puolivuotta
etsiskellen telakoitumispaikkaa

etsinnän jälkeen ehkä löysikin
oikeanpuoleisen tukipylvään

alkoi kiinnittää joukkojaan
telakoitumisalustaan

komensi sitten joukot
pureksimaan ja viiltelemään
keskittämään operaatiot
yön mustimpiin hetkiin
kun puolustusvalmius
oli vähäisimmillään

satoina aamuina Örvelöä kiroten
nousi suunnitelma
sille on pantava kapuloita rattaisiin

koko viillelty massa lykättiin koneeseen
filmattiin edestä ja takaa
tuolla se taitaa luurata arveltiin
tarkastettiin toisella koneella

kyllä

siellä se keskittää joukkojaan
aikomuksena näyttää olevan
vallata ensin
oikeanpuoleinen tukipylväs

kerran vielä kuvattiin
tykitettiin
Örvelö ei ollut moksiskaan
eikä Sibeliuskaan sitä haitannut

"kuvat kertovat enemmän kuin 1000
sanaa"
silloin lamppu syttyi
puolustusjärjestelmään
tuhotaan se sädetetään.

Onkologi antoi ehdonalaista kuukauden
mitä teen kuukaudella

revin unelmat irti juurineen
istuttaakseni ne parempaan multaan
jossa ei kasva rikkakasveja

siellä kasvaa vain suuria puita
ihania linnunlaulu pensaita
ja kukkia kukkia
värien ja muotojen loputon scaala

paratiisipuutarhassani koen täyteyden
aineen ja hengen hurmion
ehdonalaiseni muisto ei himmennä
taivaani kirkkautta tähtien tulvaa

avaruuden musiikki soi
sydämeni soi.

Kuolema kyllä minä sinua huijaan
ei minulla ole aikaa moiseen

taas meni viikko
ja uuden elän täysillä

kyyneleet joita salaa itken
ovat rubiinin punaisia.

Ajan rajalla
  pelko
    siivittää askeleitani

    kaiken
      on oltava valmiina
      ajoissa.

*Soi sydämessäni suru hiljainen
kaipuu kevään maan*

*ruumis riutuu lohdutonna
mullan syliin ikävöi*

*mutta mieli yhä halaa
tanhuville kukkahaan.*

Olen vain patsas tomuinen
jossa elämänhengitys on

vain maljakko hauras särkyvä
joka elämänkipinän sai

sydän minussa sykkivi elämää
ja liekki lepattaa

se syksyyn ei sammua tahtoisi
ei nukkua kaamokseen.

Tartun hiljaisin käsin
elämän laitaan

ja syyspäivän rauha
vie ajatukseni valoon
jonka kerran löysin
jota en vaihtaisi

elämän laidalla
ristin käteni kiitokseen
johon satakieli heläyttää
aamenen.

Kun täältä lähden
älä herätä minua
tahdon nukkua pois
tuskan ja väsymyksen

muistot jäävät luoksesi
kädet koskettavat
syleilevät
aamussa lauluni kuulet
kun tintti pesää rakentaa

silloin muista
kuinka sykin kevään hehkussa
ja lauluni iloa kiiri

muistot ovat sinun
yksin sinun
älä itke rakkaani
katso tulevaan et pettyä voi

nyt vain hetkisen lepään
kunnes kukkaan puhkean jälleen
keväisen aamun kirkkaudessa
saavun luoksesi.

*Älä tule haudalleni mustissa
älä kukkavihkoa kanna*

*surusi malja vuodata
maanpovelle
elämänalttarille.*

*Viimeinen silmäys sairaalan ikkunasta, kun hoitoni ovat ohi
synnyttää kiitosrunon 23.12.2005*

*Katsoin ikkunasta
  kun luonto syksyn iloa räiskyi
    värein yltäkylläisin*

*mutta pian halla harmaa
  maan povea suuteli soi tuuli
    sade mielen kohmeisen maahan löi*

*lyheni päivät
tuli kaamoksen vuoro
maa valkeat lakanat yllensä sai*

*puut juhla-asuihin valkoisiin siirtyi
oli oksilla tähdet hopeiset*

*tämän kaiken sairaalan ikkunasta näin
kun minulle adjuvanttini annettiin
ja tielle elämän kannettiin.*

Maan kyyneleet

Tämä maa

avaruuden helmi

tahrattu riistetty

luomakunnan kruunu

milloin annoit kruunusi pois

oliko se silloin

kun kuivasit suot

jyräsit metsien biopohjat

ja peltosi kasvukerrokset

kulutushysterian alttarille?

Taivas heitti harsonsa

autiokylien pihojen ylle

valkeat lakanat

metsien itkeville
hakkuuaukoille

teholannoitteista

haiseville pelloille

viimein jäähile peitti jokien

ja järvien hapettomat
vedet

ja homosapiensin katseessa

vilkkui optioharha.

Saastesumu kiertää
mökkimme nurkkalautoja

puitten epätoivoiset latvat
harovat tuulessa

epätoivo verhoaa
homosapiensin katseen

kylmät kädet puristuvat
voimattomina nyrkkiin

kuolemankehrä
umpeutumassa

on syksy.

*Aikapommi tikittää
pään päällä*

*männynneulaset
tippuvat ruostuneelle
olutpurkille*

*taivaanrannalla
musta pilvi.*

Marssivat rauhanmarssin

huusivat rauhan huudon

rakensivat tuulen tupaa

ostin kiiltokuvan

liimaan sen päiväkirjaani

Numerot asuvat lähekkäin
asuvat kerroksittain
ikkunat vastakkain

kolme kertaa päivässä
numero juoksee ylhäältä alas
alhaalta ylös

mutta numerot eivät lue
ihmisten nimikilpiä.

Kerrostalojen marionetit
kiitävät työhön

pankkiin
korkojen maksuun

päiväkotiin pubiin
diskoon

joku katoaa
höyrähtäneiden
osastolle.

Ihminen ajan uhri
ei katso taakseen

aika ei anna pysähtyä

ajassa ihminen tuhoutuu

ja aika jatkaa
ilkkuen kulkuaan.

Kuvaruudussa
terroristit tehneet
pommiattentaatin
rauhanneuvottelut
eivät edisty

ilmapallovatsainen lapsi

istumassa
palaneella nurmikolla

kärpäsiä

tyhjässä katseessaan

ripsimeikistäni valuu rukous.

Maa kostui suolaisista pisaroista

maasta alkoi kasvaa pieniä

sydämenmuotoisia kukkia

kunnes maa oli punainen

pienistä sydänkukkasista.

Kyllä he valistavat
heillä on tietoa
mutta tietojen takana
käymätön elämänkoulu

tietoyhteiskunta
ja markkinatalous
pompottavat
homosapienssia

jonka minuus palvelee
hajoavaa kuplaa
unohtaen kuka hän on.

Maailman suurin ongelma
on vain ihminen
jalostettu eläin
viisas eläin

telluksen tutkinut
atominkaavan laatinut
käyttöönsä alistanut

kriisi ei ole öljy
ei pohjaveden saastuminen
ei Itämeren saastuminen
ei ekologinen horjunta

vaan kriisi on ihminen
tämä on ihmisen kriisi
kriisi enenen kuolemaa

Yö tuli odottamatta
oudoin säkein
satakieliserenaadin myötä
kuun ja tähtien kelmeää
hohdetta hiuksillaan

yö peitti syleilyynsä
maan pienet kukkaset
metsien valot sammui

vain taivaankantta vasten
kohosi puiden mykät silhuetit
kuin paossa ahdistajaa

yölintu valitti ihmisen tuskaa
sydämen umpiossa se poltti
hiljalleen liekkiään
loppuun

pako niin mahdoton.

Katso maailmaa avoimin silmin
kulje tiedon valtatiellä
erikoistu vaikuta

käy pörssikauppaa
sijoita rikastu
seilaa internetin aavoilla
aalloilla

osta PlayStation pelaa
tunne itsesi sankariksi
kuluta työllistä

opi tuntemaan itsesi
hakeudu kurssille
avaimet käteen

tee vapaaehtoistyötä
kerää rahaa
kyllä ne joku sijoittaa

shoppaile ostosparatiisissa
kurkista pieneen putiikkiin
tee löytö

käy pubissa yömyssyllä
ennen aamua
lähde elämysmatkalle
ota etäisyyttä

rentoudu Eedenissä
liota ja loiski
kaadu sairaalan sänkyyn
teholle
hautaan

elämätön elämä kainalossasi
vapautesi viimeiseen riistoon.

Isot pojat leikkivät
toivat kiviä Marssista
punakeltaista
ruosteenpölyä pussissa

Isot pojat eivät leiki
he tuntevat menneisyyden
salat

palapelin palasista
hiotaan särmät sopiviksi
rakennetaan elämän
varjoleikki

Marssin pienet vihreät miehet
ovat planeetallaan
ruosteenpunakeltaisissa
pöksyissään

mutta Isojen poikien tietokone
laulaa tiedot arkistoon

Isot pojat vaipuvat
ammoisille asuinsijoilleen

ja aika nakertaa
Isojen poikien ruumiita

hitaasti maa vetää
puoleensa
ja ruosteenkarvainen
pöly leijuu tuulessa

ja Mars on yhä radallaan.

Päivä kulkee läpi
haavoitetut kädet
miina räjähti

Afganistan
tulenpalavin kirjaimin

Media huutaa
sivistyksellä on kiire

päivä kiiruhtaa
mustaan aukkoon.

rotta jatkaa kulkuaan.

Ristiin rastiin
musta ratsu maata laukkaa
kuivuu vuoden sato
kun taivas sateen
pidättää

äidit lapset leipää huutaa
leipää leipää leipää

joku jätekasaa tonkii
kun viirus veressä jo
mönkii

sammuu elo vasta alkanut
sammuu elo elon antanut

haisee raato sivuun
potkaistaan
rautaiset on lait veljien

nälän hampaat puree
kolmasosa kuolee

tuonelan hevoset laukkaa.

Huumatuin aivoin
haarniskat päällä
yhteistä tietä me kuljemme
valjastettuina
standardiyhteiskuntaan
tietokone ja mediatulvaan

mukisematta nyt vain
ohjausta siedä jos joukossa
tahdot mukana olla

ehkäpä päästä voit vielä
intellektuellien luokkaan
optiotaivaasi aukaista
nörttinä kisailla
rupusakilta
eurot taskuusi
sipaista

arvosi pörssissä kun
noteerataan
voit ylpeänä nostaa ihmisen
pään
mutta vuoteessa
huolien keskellä unia
näät

ei aamujes taivasta rusko
purppuroi
et sinistä hämärää
huomaakaan
on taivaasi ruudussa
pörssissä
mutta huolien suma
se kasvavi vaan
ja takaasi jostain

korviisi soi
tämä hetkisen
totta vain olla voi.

Nyt myrskypilvet uhkaa
jyllää voimat yli-ihmisen
kiehuu kosmos
ei raivonrantaa näy

mutta jossain vielä
päivänlasku luo
purppuran
tyyntyy tuuli
metsänrajaan
hämäräinen harso
verhoo maan

kun aamun tullen herään
niin päivä paljastaa
mikä onkaan maa

ja kun uutislähteen avaan
kuulen kuinka veli
veljeänsä lyö
kuin turruttamat
huumeen
he kiertää ympyrää
kunnes tulee
määränpää

niin katoo kaikki
muuttuu mullaksi uhri
taistelun
yöksi päivä vaihtuu
näytös meni taas
mutta huomenna
jo käydään uusintaan

siis huokaa ihmismeri
tai vello ärjy hurjemmin
koskaan liekö ihmisveri
käynyt taistelun
kovemman

kun näkymätön käsi
otetta vain tiukentaa
siis tanssi tanssi ihminen
kunnes nuora katkeaa
ja multaan peittyy
tanssija

Harmagedon tuijotti ahnain
silmin
nielaisi kitaansa kello kun löi

järisi maa vapisi vuoret
meren aallot velloi

oli tullut päivä
pienten että suurten

urhojen
sankareiden
kruunupäiden

tyhjää velloi sotilaiden povi
elinesteet ulos valui

käsi kohosi
kohdetta tiennyt ei
herposi maahan
rakeet kun löi

yllä lensivät korppien laumat
kraakkuivat peijaista
runsaimmista

hiljeni myrsky
hiljaisuus puhui

sylissä avaruuden
maa yhä pyöri
kun uusi aamu jo
sarasti.

Seison paljain jaloin
polulla kaislojen
kehrässä päivän vaipuvan

alastonna eessä
Kaikkeuden kysyn
kuka paikkaa
kuka parsii haavat

kuka unohduksen saareen
matkaliput antaa

seison vielä tovin
armahdusta anon
kehrässä päivän
vaipuvan.

Pois siirtyvät tummat pilvet
päivä kirkkaana nousee taas

pois siirtyvät öiset varjot
taas kukkiin puhkee maa.

Rakkaus ja illuusio

*Kuuntele minua tänä
päivänä*

avaa porttisi!

*Instrumenttimme soittivat
riitasointuja*

aika ei pysähtynyt

*yön armahduksesta
syntyi harmonia.*

Päivän harmaudessa

sinusta virtasi minuun valoa

sieluni latautui

hapettuneet paristoni

saivat hehkun

valo kantoi

vapauden sfääreihin.

Matkallasi kohtaat monta
ystävää

vaan yksin jatkat elämää

jääkukkia ikkunassa

maankohtu odottaa

hämärässä

kuutamonkujilla

sydän harhailee

on suden aika

kello lyö.

Päivä lepää
	maan kämmenellä

	yön mustat kädet
		puristavat
			päivän kokoon

rakkaus itkee
	mustien varjojen maassa
	valonsiipi niin
	kaukana

	pää painuu kumaraan
		päivä lepää
			maan kämmenellä.

Syksyn lasinkirkas valo

satuttaa vaahteran oranssia

koivun kultaa

saa männynrungon
sädehtimään

ja viljapellon ohraisen
sängen

kaipuun siemen välkehtii
kultaa.

Halaa minua hellästi

olen ruukku särkyvä

sidosaineeni

tomuun haihtuu

myllyn ääni

heikkenee.

Hedelmätön puu

sieluni kuollut

kuin lintu viluinen

oksalla koditon.

Käsissäni halu koskettaa

sydän kaipauksesta kipeä

sanat viipyvät

tuskankäsi sulkee
huulteni ovet

tähän saakka

tuskanviitta
verhoaa

alkuvoimasta
värähtäneen

ruumiini.

Kyhmyisin kämmenin

hyväilet kasvojeni uurteita

tapailet lantioni pahkoja

rutistat syliisi

ruokokeppi lyhenee.

Minuuteni
suljettu vankila

avaamaton syli
kahleeni painavat

kaipuunsiipi
kantamaan epäkelpo

päiväni tuskan
yö kantaa pois.

Kävelen jäljessäsi
   tiedätkö

tihennät askelta
   tiuhennat tahtia

   syksyinen tuuli
   puhaltaa vastaani

   rukoilen tuulta

   lennätä syliini hänet
   jota askeleeni ei saavuta.

Saippuakupla lentää

valon siivilään

on sateenkaaren

hetki.

Katulampun alla

näen sinut bussipysäkillä

sinä palelet

katselen salaa ikkunasta

sanat

tule lämmittelemään

juuttuvat kurkkuuni.

Onko onni leikki varjoton
vai summa koostuva
kirjosta elämän

väreistä kirkkaista
tummista
sateenkaarisillasta
polkuun kiviseen

onko onni vain harhaa
mahdoton utopia
hengen usvaverho
häilyvä.

Lauantaina näin sinut torilla
tulin seuraavana
hiivin lähemmäksi

lauantai oli kesäni
kohokohta
kuin koivussa lehdet

kunnes eräänä lauantaina
etsin en löytänyt

vain vieraat
myyntipöydät
tuijottivat minua

kohottaessa katseeni
näin
muuttolintujen parven

hiljaa hiivin kolooni
odottamaan talvea

hyvästi muuttolinnut
hyvästi
     torirakkauteni.

Laineena painuin selkääsi vasten

*ruusunpunaiset pelastusrenkaat
painuivat lapoihisi*

*valkeana laivana keinuin
nukkuvaan alitajuntaasi.*

Kuka voi sanoa

milloin on aika rakastaa

pienenä

suurena

vanhana

sillä rakkaushan on

hullu.

Rakkauden riemusta
soi sävel leivosen

onnesta rakkauden
pääskysen viserrys

rakkauden ilosta
piiperrys peipposen

kaihosta rakkauden
yöllisten siipien suhina

ja alla kosmoksen
vain ihmislapsi tuntea

voi onnen tuskan polttavan

ja alla
taivaankaaren
soi laulu
rakkauden.

Kukkapuska kädessäsi
tulit luokseni
hymystäsi sain tartunnan

vuosien jäät sulivat
esteet murtuivat

hymysi
kukat kädessäsi

avautumassa ovi
uuteen maailmaan.

En uskonut ois
jos joku kertonut ois

kuinka kaunis on lempi
hämyssä huhtikuun

kun hämärä heittää
hellästi harson

ja huhtikuunyöhön
saa uinahtaa.

Rakkaus
       opettaa tuntemaan

rakkaus
       opettaa antamaan

olemaan hiljaa

kuuntelemaan

kun sydän puhuu.

Luonto puhui

päivä kertoi

Talitintti on lintulaudalla

nyppii auringonkukan siemeniä

kohta se lentää aurinkoon

havahdun

on kevät.

Jään sirinä

kevään kuulas katto

tulipallosta porautuu säde

lävistää veden peiton

vähitellen Roine antautuu

ja puissa soi kevät.

Takatalvi pistää keväälle nastat

puhuri viiltää

kännykkä jäätyy korvaan.

Itätuuli sadepilvet nostaa

taivaanmahla valuu maahan

sateenlaulu soi

helenee jo nurmen nukka

avautuupi scillan kukka

kevät tuoksuu

kevät soi.

Sateen hevoset laukkaa

tuulen häntä lepattaa

maan sydämessä

lämmön aavistus.

Lämmin kun aurinko

sammuttaa tuulen

järvi ei enää vapise

ja mielen aallokko lepää.

Kevät hypähti nenälleni

laakson pohjasta

järven peilistä

valkein purjein

sulottaret lensivät

viestit vaihtoivat

valat vannoivat totiset

jotka kantoivat yli vuosien.

Kevät kultatukka jo metsissä lymyili

pälvien kummuilla jään railossa

Helios ja Luna tavoittivat aamun

metsän rinta savusi sinistä

ja toivo puhkesi sydämeeni

kevään luuta lakaisi pois

talven ankeuden ja ikävän

ikävä muuttui kaipuuksi

joka helisten putosi pälveen

työntäen viluisen alkion ylös.

Ota syliisi kesäyö

talleta kesäpäivä sydämeesi

talven viimojen varalle

roudan ankaran ajalle.

Minun puuni on omenapuu

*minä rakastan sen keväistä
kukkapukua*

*tammen jyhkeitä oksia
valon siivilässä*

*valkorunkoista koivua
vihreine lehtihuntuineen*

*rakastan haavan hiljaista
vibraattoa*

*rakastan tuomen ja pihlajan
valkoisia kukkaterttuja*

*syreenien sineä ja tuoksua
ja syksyisen vaahteran
sinfoniaa tuulessa*

teitä kaikkia rakastan
kuin maaäiti lastaan

ja aina kun te ajallanne
viritätte mieleni musiikit soimaan

ja aina ajallanne
te muutatte sävelkulun molliksi

ja eräänä päivänä kaikki
peittyy valkeaan kääreeseen

tanssivat lehdet
pistävät ruohonkorret
kaikki
mitä sydämeni rakasti.

Ota syliisi kesäyö

talleta kesäpäivä sydämeesi

talven viimojen varalle

roudan ankaran ajalle.

Ne saapuivat päivän tullen
pitkältä matkaltaan

ne tuttuun lahteen laski
kuin kotiinsa konsanaan

ne rinnan lahden kiersi
kotipesälle viime kesäisen

ne riemuiten kullassa kylpi
joutsenlaulunsa joikuivat

joiku rakkaudesta kertoi
joutsenparin valkoisen

se illan hämyssä kantoi
yli lahden hiljaisen.

Kesä viipotti pitkin harppauksin

vastaan ottamaan syksyä

okrankeltainen ohrapellon sänki

hehkui valon siivilässä

kipeä rauha huokui maisemasta

pääskysen siiven iskussa soi ikävä

elämän loputon kierto

samanlainen erilainen

ihmisen ikuinen ikävä.

Tänään huiskaa kesäheinä

syksyn tullen kuiskaa

roudan alle painaa pään

kalman hajuun kiertyy jää.

Pohjatuuli raivollaan
kaatoi vanhan tammen
repi rikki valkean koivun kyljen

se tarjosi kouransa
mäntyjen tupsulatvoille
kiskaisi ylös muhkuraisen juurakon

raivoten myrsky kitaansa nieli
minun puuni istutetun
rakkaan.

Sinä tiedät lähteä täytyy
  kun siiven alla soi

et tulevaa pelkää
  kun tuuli kauaksi kantaa

oot huolista vapaa
  lähellä kosmoksen rajaa

  maaäiti vain huokaa ikävää

on minulla paikkani täällä
  en kanssasi lähteä voi

sua ooton ja mieleni palaa
  vapauteen tuntemattomaan.

Taivas tänään kuin seula
suolaisista rei´istä
valuu suolainen vesi

ahdistaa
mutta

on lähdettävä matkaan
ettei sisimpäni tulvavedet
huuhtoisi sieluani
pois.

Soi laulu suruinen
  on aika hyvästien
    päivässä kesän viimeisen

oi miksi niin kylmä
  on tämä maa
    että lintuset lämpimään pakenee

  miksi halla heittää harsonsa
    hyytäen
      kokoon käärien elämän

miksi myös minä en lentää vois
  suveen lämpimään
    laulaa lauluja muistojen
      maasta viiman lumen ja jään.

Väsynein silmin
tuijotan harmaata päivää

odotan sumun keräävän
helmansa kokoon ja
paljastavan lähinaapurini

onko pihlajassa vielä marjoja?

Syksy toi lähelle sen

minkä hetki sitten

vain aavistin

maisema avartui

läpi kuljettavaksi

niin surullisen

maiseman läpi

on kuljettava nopeasti.

Kaamoksen koura puristi
   päivän kokoon

   pilvimassat odottivat
lähellä maata

   levittääkseen puhtaat lakanat
maan peltovuoteisiin.

Pakkanen nitisti kukat
      ikkunalauta on siisti

jäähile nousee ruutuun
   on kylmä
         odotan.

Nyt mökin nurkka
nyyhkii
se kaipaa ystävää

on monet rakkaat menneet
on polut häipyneet

vain pala menneisyyttä
soi askelmassa porraspuun.

Hän poimi juhannusruusun

lokakuussa

kalmankoura soitteli

säveltä piikkisormin

juhannusruusussa kukka

lokakuussa

lähdönajatus

sumuverhon takana

kylmäkoura odottaa

juhannusruusu

kuoleman kummulla.

Katso omenapuun oksa

kurkottaa ikkunaan

koivun valkeat kädet

taipuvat talven alle

julma kauneus

puhumaton kylmyys

linnut pesissään

ihmiset koloissaan.

Tuulensiivet sivaltaa

äänettömän linnun

risumaja putoaa

tuonelan kurjet

tanssivat hu huuu

taivas itkee maahan

kalman viitan.

Kelona seisot hongistossa
latvasi taittunut
riisuttu runko

piiskaama tuulten ja
myrskyjen
kohtalos kannat
huaten hiljaa

mutta kun pohjoinen
puhuri puhuu
maaemon syliin
runkosi kaatuu

kuoleman urut soittaa.

Talven valkea vilja

peittää maan

kylmän ankkurissa

mieli värähtää.

Vielä tahtoisin kuulla
suvilinnun laulun

nähdä kesäheinän heilimöivän
pientarella huojumassa kissankellon

tuta tuoksun heinäpellon niitetyn
suvipilven taikalennon

maan povella auringon
suudelman.

.

Ajatelmarunoset

Anna kadonneen minäsi palata

toivota se tervetulleeksi
yhä uudistuvaan elämänkouluun

älä pelkää kun naamiosi liukuu pois

anna minäsi kasvaa
ilman kulisseja ilman ehtoja

valoon

uuteen aamuun.

Elämän kaaos kulkee
sydämeni läpi
kuva kuvalta
albuminlehdet täyttyvät
se on tehtävä nyt
elämän päivitys.

Aaveet nousivat
tunteiden suosta
jonne ne oli kätketty
odottamaton aamun avaus.

Tämäkin on etuoikeus
menettää ja saada
saada menetetyn tilalle
laajakulma
ja kiikarin tilalle
kaukoputki.

Aika jalkapohjieni alla
on tehnyt hitaaksi
aika jäljessäni
on tehnyt viisaaksi
aika edelläni
mietteliääksi.

Äsken kuljin
ohi eletyn elämän
ja kasvojeni uurteissa
näin elämän tarinan.

Ne ajan merkit
jotka toivoisin näkyvän
vähiten
näkyvät eniten.

Ennen ei ollut aikaa
nyt se on viholliseni.

Kellot on
että aika loppuisi.

Juoksen
en saavuta
juoksen
en osaa lopettaa.

Kuin lehdetön puu
elämä on kouraissut syvältä.

Metsän hartioilla
lumien taakka
vanhuksella
eletyn elämän
ilot ja surut.

Elämän matto
kudotaan
mustiin loimiin
kirjavin kutein.

Vuosikymmenien saatossa
ei opita elämän kaavoja
vain hiomaan särmiä
kun polttopiste muuttuu.

Eilen rakensin
tänään katselen
entä huomenna.

*Elämä on
tähdenlennon värähdys yössä
vain värähdys kosmoksen kentässä.*

Elämä tyhjästä tehty
tyhjäänkö palaa.

*Ilo ja suru
valo ja pimeys*

*niistä muodostuu
katkeamaton elämänlanka.*

Kaipuu voi herättää unelman
mutta toteutuessaan se särkyy.

Vieraat kasvot vieressäni
muutan suuntaa.

Surullani ei ole reunoja
kyyneleeni vierivät maan povelle.

Kun on tarpeeksi syvällä
on vain yksi suunta.

Tuskalla kylvetyt siemenet
kyynelin kastellut
kasvamassa uusi vilja.

Ilman säröjä
ei synny kokonaisuutta.

Kasvu on elämän mittainen matka.

Tämä ikä
kuin kaamos
ei
elä vain sen yli.

Kultapilvelläkin on varjonsa.

Älä pelkää hiljaisuutta
sieltä voit
löytää itsesi.

*Hiljaisuudessa tajuat
oman minuutesi
vahvemmin.*

*Jos osaisin kirjoittaa
ihmissydämiin*

*rauhan ja rakkauden
olisin voittanut maailman.*

Elämän kaventuessa
näkökulma laajenee
perspektiivi avartuu

kiireen kehässä
polttopiste on tärkein

illan lähetessä
hämärän kehässä
polttopiste särkyy

ajatus vapautuu
uudet ladut löytyvät.

____

____

____

____

____

____

____

____

____

____

____

—————————————————————

-

Hienoa kun viihdyit Uulon seurassa ja kiitos mietteistäsi,

Luojamme on luonut meille kyvyn kirjoittaa ja kyvyn
kuunnella, käyttäkäämme niitä lahjoja ja nauttikaamme
niistä.

T:TN

FSC
www.fsc.org
MIX
Paperi vastuul -
lisista lähteistä
Paper from
responsible sources
FSC® C105338